*Hacia una espiritualidad de los sentidos*

FRAGMENTOS, 36

*José Tolentino Mendonça*

# HACIA UNA ESPIRITUALIDAD DE LOS SENTIDOS

*Traducción del portugués de*
TERESA MATARRANZ

FRAGMENTA EDITORIAL

| | |
|---:|:---|
| Título original | «Para uma espiritualidade do tempo presente», primer capítulo del libro *A mística do instante. O tempo e a promessa* (2014). |
| Publicado por | FRAGMENTA EDITORIAL<br>Avenir, 22, baixos 1.ª<br>08021 Barcelona<br>www.fragmenta.es<br>fragmenta@fragmenta.es |
| Colección | FRAGMENTOS, 36 |
| Primera edición | ABRIL DEL 2016 |
| Primera reimpresión | MARZO DEL 2022 |
| Segunda reimpresión | ENERO DEL 2025 |
| Tercera reimpresión | SEPTIEMBRE DEL 2025 |
| Producción editorial | IGNASI MORETA |
| Producción gráfica | INÊS CASTEL-BRANCO |
| Impresión y encuadernación | ROMANYÀ VALLS, S. A. |
| © 2014 | INSTITUTO MISSIONÁRIO FILHAS DE SÃO PAULO – PAULINAS EDITORA<br>Rua Salgado Zenha, 11<br>2685-332 Prior Velho – Portugal<br>www.paulinas.pt<br>por el texto |
| © 2016 | TERESA MATARRANZ LÓPEZ<br>por la traducción |
| © 2016 | FRAGMENTA EDITORIAL, S. L. U.<br>por esta edición |
| Depósito legal | B. 2.827-2016 |
| ISBN | 978-84-15518-29-7 |
| | RESERVADOS TODOS LOS DERECHOS |
| | PRINTED IN SPAIN |

# ÍNDICE

| | |
|---|---|
| Hay más espiritualidad en el cuerpo | 11 |
| El cuerpo es la lengua materna de Dios | 14 |
| La sociedad del cansancio | 17 |
| Luchar contra la atrofia de los sentidos | 19 |
| Desde el sufrimiento | 21 |
| Desde el luto | 22 |
| Desde la reclusión de la vida por la rutina | 24 |
| Desde el exceso de comunicación | 26 |
| Redescubrir el tacto | 28 |
| Retornar al gusto | 31 |
| Revisitar el olfato | 33 |
| Volver a la audición | 37 |
| Abrir la visión | 38 |
| Un proyecto de espiritualidad | 41 |
| Encontrar una relación con el tiempo | 43 |
| Descubrirse amado | 46 |
| Una mística con los ojos abiertos | 48 |
| El significado de la mística | 51 |
| ¿Solo un o… o…? | 54 |
| Creo en la desnudez de mi vida | 56 |
| El sacramento del instante | 58 |
| *Bibliografía* | 63 |

> Es místico aquel o aquella
> que no puede dejar de caminar.
>
> MICHEL DE CERTEAU, *La fable mystique*

Si tuviéramos que buscar un sinónimo para *espiritualidad* elegiríamos, sin miedo a equivocarnos, *interioridad*. Interioridad parece ser también la noción más afín a la idea de mística.

> Cierra la puerta de tus sentidos
> y busca a Dios en lo profundo

proponía uno de los exponentes del pietismo en el siglo xviii. Su propuesta representa bien lo que podríamos designar *mística del alma*. ¿De qué se trata? De considerar que el camino que nos conduce a Dios es fundamentalmente un ejercicio interior que implica la relativización o incluso la renuncia de los sentidos corporales. Para alcanzar lo divino, el alma debe sumergirse en el alma misma. La divinidad se oculta a las posibilidades del cuerpo y de su gramática; solo se deja detectar por el radar de la profundidad más rigurosa. La divinidad es un misterio. El camino pasa por desligarse del mundo, del mundo habitual y cotidiano, y entrar de nuevo en el espacio interior, la auténtica morada que Dios guarda religiosamente.

En una obra que causó gran impacto en el imaginario cristiano, y que llevaba por título *De la verdadera religión*, decía san Agustín: «No salgas fuera de ti, vuelve a ti, en el interior del hombre habita la verdad.» Hemos de reconocer que gran parte de la mística cristiana, de la más antigua a la contemporánea, ha glosado hasta el infinito este motivo, lo que muestra cuán oportuna es una relectura de ese precioso testimonio a la luz de una antropología más integradora. El gran san Juan de la Cruz, por ejemplo, en la segunda mitad del siglo XVI, explicaba que «cuanto el alma va más a oscuras y vacía de sus operaciones naturales, va más segura». La ascensión al monte místico implicaba tomar como programa la «noche sensitiva»; buscar «lo espiritual e interior» y combatir «el espíritu de la imperfección según lo sensual y exterior». Pero este modelo ha marcado y sigue marcando los referentes de la mística cristiana más próxima a nosotros. En pleno corazón comercial de Louisville, ciudad del estado norteamericano de Kentucky, una placa señala que allí, en 1958, tuvo lugar la segunda conversión del monje trapense Thomas Merton. En ese momento era un autor mundialmente reconocido en el terreno de la espiritualidad. El volumen que lo había dado a conocer, justo diez años antes, fue su autobiografía, *La montaña de los siete círculos*, donde estaba absolutamente presente el paradigma de la huida del mundo. Caminando por Louisville, inmerso en la marcha frenética de una multitud en aquel epicentro comercial, Merton tuvo la intuición de que en verdad no había ninguna diferencia o separación entre él y aquel pueblo perdido y sediento. Se sintió, sencillamente, miembro de la familia humana, a la que el mismo Hijo de Dios había querido pertenecer. Nacía así una nueva etapa de su espiritualidad, crítica en relación con la primera. Thomas Merton entendía que la mística solo puede ser una experiencia cotidiana, solidaria e integradora.

## *Hay más espiritualidad en el cuerpo*

La excesiva interiorización de la experiencia espiritual, por un lado, y el distanciamiento del cuerpo y del mundo, por el otro, siguen siendo, en gran medida, características destacadas de la espiritualidad que se practica. Lo espiritual suele considerarse superior a lo experimentado sensorialmente. Lo espiritual se considera complejo, precioso y profundo. Lo sensorial se ve como epidérmico y siempre algo frívolo. Existe una sintomática condición descarnada en la vivencia de lo religioso que se refugia voluntariamente en una representación de la alteridad en relación con el mundo, del que se considera (se viene considerando) distante, por no decir extraño. En la llamada *mística del alma*, el Espíritu divino es radicalmente otro frente al instante presente. Y frente al destino histórico y doloroso de las criaturas.

No deja de sorprendernos, sin embargo, el realismo narrativo que adopta la Biblia desde el primer momento. De hecho, en el núcleo de la revelación bíblica no encontramos las oposiciones tan corrientes después entre alma y cuerpo, interior *versus* exterior, práctica religiosa y vida ordinaria. En el centro está la vida, la vida que Dios ama porque, como enseña Jesús, «Dios es un Dios de vivos y no de muertos» (Lc 20,38). Tampoco encontramos aversión alguna hacia el cuerpo. Leemos en el relato del Génesis:

Cuando Dios, el Señor, hizo la tierra y el cielo, no había aún arbustos en la tierra ni la hierba había brotado, porque Dios, el Señor, todavía no había hecho llover sobre la tierra ni existía nadie que cultivase el suelo. Entonces Dios, el Señor, modeló al hombre de arcilla del suelo, sopló en su nariz aliento de vida y el hombre se convirtió en un ser viviente.

Gn 2,4-7

¿Qué es este «soplo vital»? Es nada menos que el aliento de Dios, su espíritu, que pasa a estar activo en cada ser vivo, percibido como fuente misma de la existencia y codificado en los sentidos y manifestaciones vitales de la persona. Con la creación (es decir, desde el principio de los principios) se estableció una fascinante e inquebrantable alianza: la que une la espiritualidad divina y la vitalidad terrena. ¿Dónde, a partir de este momento, experimentaremos mejor el Espíritu de Dios sino en el extremo de la carne hecha vida? ¿Dónde entraremos en contacto con su soplo sino en el barro? ¿Cómo nos abriremos a su paso tangible sino mediante los sentidos?

La concepción bíblica se aleja expresamente de las versiones espiritualistas. Defiende una visión unitaria del ser humano en la que el cuerpo no se ve nunca como un revestimiento exterior del principio espiritual o como una prisión del alma, como pretenden el platonismo y sus réplicas tan extendidas. Dios creó al hombre a su imagen (*cf.* Gn 1,27). Como afirma Louis-Marie Chauvet, «lo más espiritual no sucede sino por mediación de lo más corpóreo». Podríamos adaptar una frase de Nietzsche según la cual «Hay más razón en tu cuerpo que en la mejor sabiduría», diciendo que «Hay más espiritualidad en nuestro cuerpo que en nuestra mejor teología».

## *El cuerpo es la lengua materna de Dios*

Anclados en la semilla divina que no solo transportan, sino que ellos mismos son, hombres y mujeres se descubren llamados a apropiarse creativamente, y con todos los sentidos, del desmesurado prodigio de la vida. La vida es un laboratorio inmenso para la atención, la sensibilidad y el asombro que nos permite reconocer en cada instante, por escaso y precario que sea, la reverberación de una fantástica presencia: los pasos de Dios. Necesitamos mirar de nuevo el cuerpo que somos, y nuestra existencia, como profecía de un amor incondicional: «Tanto amó Dios al mundo que no dudó en entregarle a su único Hijo, para que todo el que crea en él no perezca, sino que tenga vida eterna» (Jn 3,16), escribe el evangelista Juan. El cuerpo que somos es la gramática de Dios. La aprendemos a través del cuerpo, no solo mentalmente. Merleau-Ponty nos recuerda, con razón, que establecemos un vínculo con nuestra lengua materna, antes incluso del aprendizaje lingüístico, mediante el cuerpo: los signos sonoros nos han habitado primero, han permanecido largo tiempo sumergidos en la nocturna memoria del cuerpo, se han inscrito en nuestro sueño, han tatuado nuestra piel. Con la lengua de Dios sucede lo mismo. El salmo nos ofrece una imagen maravillosa:

> Tú nada desconocías de mí,
> que fui creado en lo oculto,
> tejido en los abismos de la tierra.
> Veían tus ojos cómo me formaba.
> 
> Sal 139,15-16

Esta imagen nos muestra que nuestro cuerpo es la lengua materna. La lengua materna de Dios. Por eso, la *mística de los sentidos o del instante* que propondremos a continuación, en contrapartida a la *mística del alma*, no podrá ser sino una espiritualidad que conciba los sentidos como camino que conduce y puerta que se abre al encuentro de Dios. «Este encuentro radical —escribe el teólogo Karl Rahner— es proximidad y no distancia, amor que se da a sí mismo y no juicio.» Dios nos espera en todo cuanto encontramos. No se trata de recogerse en la esfera íntima y olvidar todo lo demás. El desafío es permanecer en sí y experimentar con todos los sentidos la realidad de aquello y de aquel que llega. El desafío es abandonarse en brazos de la vida y oír ahí el latido del corazón de Dios. Sin huidas. Sin idealizaciones. Los brazos de la vida tal cual. Recuerdo el irrenunciable testimonio humano que es el diario espiritual de Etty Hillesum en el campo de concentración. En las horas más oscuras de la historia contemporánea, sin ninguna esperanza de que alguien la escuchara algún día, confesaba:

> Qué extraño es esto. La guerra. Hay campos de concentración. Pequeñas crueldades se amontonan sobre pequeñas crueldades... Conozco el enorme sufrimiento humano que se va acumulando, conozco las persecuciones y la opresión... Conozco todo eso y sigo haciendo frente a cada pedazo de realidad que

se me impone. En un momento de desesperación, abandonada a mí misma, me encuentro de repente recostada en el pecho desnudo de la Vida y sus brazos son muy suaves y me envuelven, y ni siquiera puedo describir el latido de su corazón: tan fiel como si no hubiera de acabar nunca...

## La sociedad del cansancio

Todas las épocas tienen sus patologías, que funcionan como indicadores que van más allá de un diagnóstico banal. Las enfermedades dominantes nos muestran el punto de dolor escondido, revelan comportamientos y compulsiones, desvelan una vulnerabilidad que es nuestra, pero que rara vez queremos ver. Ahora bien, el mayor combate de los siglos que nos han precedido ha sido bacteriano o viral. La invención de los antibióticos y de las vacunas, partiendo del refuerzo inmunológico, aunque no lo solucione todo, permite controlar estos problemas sanitarios. Es cierto que de vez en cuando cunde el pánico de una pandemia vírica, pero ese no es el problema que condiciona más profundamente nuestra vida cotidiana y nuestras costumbres. El filósofo Byung-Chul Han, seguido con atención por círculos cada vez más amplios, defiende que el comienzo del siglo XX, desde el punto de vista de las patologías más destacadas, es fundamentalmente neuronal. El sol negro de la depresión, los trastornos de personalidad, los déficits de atención (sea por hiperactividad o por una neurastenia paralizante), el síndrome galopante del desgaste laboral o *burnout*, que nos hace sentir devorados y exhaustos por dentro como tierra quemada, definen el difícil panorama de la década presente y de las que vendrán. Estas enfermedades no son infecciones, sino modalidades vulnerables de la existencia, fragmentaciones de la identidad, incapacidades de integrar y rehacer la experiencia de lo vivido.

Nuestras sociedades occidentales viven un cambio silencioso de paradigma: el exceso (de emociones, de información, de expectativas, de requerimientos) atropella al ser humano y lo empuja a un estado de fatiga, del que cada vez es más difícil volver. Existe el riesgo de quedarse aprisionado para siempre en ese cansancio, como explicaba proféticamente Fernando Pessoa:

Estoy cansado, claro,
porque a estas alturas uno tiene que estar cansado.
De qué estoy cansado, no lo sé:
de nada me serviría saberlo
pues el cansancio seguiría igual.

## *Luchar contra la atrofia de los sentidos*

«Accende lumen sensibus» ('Ilumina los sentidos'), rezaba una antigua invocación litúrgica que no dejaba dudas sobre el necesario desarrollo de los sentidos corporales en la expresión creyente. Los sentidos de nuestro cuerpo nos abren a la presencia de Dios en el instante del mundo. Gozando de buena salud, tenemos a nuestra disposición cinco sentidos (tacto, gusto, olfato, vista y oído), pero no los desarrollamos todos como deberíamos, o, por lo menos, no los hemos desarrollado de la misma manera.

Somos capaces de recibir y transmitir informaciones tan diversas mediante los sentidos porque disponemos de un cerebro que elabora y dirige. Pero nos falta una educación de los sentidos que nos ayude a cuidarlos, a cultivarlos, a refinarlos.

«No sé sentir, no sé ser humano», escribió también Fernando Pessoa. Y continuaba: «He sentido demasiado para poder seguir sintiendo.» En efecto, el exceso de estimulación sensorial en el que estamos inmersos tiene un efecto contrario. No amplía nuestra capacidad de sentir, sino que la contamina y la atrofia sin remedio. «Ah, ¡si por lo menos pudiera sentir!», es la proclamación de la desesperación contemporánea, que adviene tras haberlo experimentado todo, el vértigo y la convulsión. Pero también la indiferencia de los sentidos, que el cinismo inducido promueve en un momento de la vida, no deja de ser un instrumento menor de aniquilación. «La piel no me ha enseñado nada», se lamentaba el poeta René Crevel en *Mi cuerpo y yo*. Este es un territorio en el que la mística de los sentidos puede desempeñar un papel transformador crucial, porque en ella, como explica Michel de Certeau, «el cuerpo se *informa*». La piel enseña.

Son diversas, sin embargo, las circunstancias existenciales que nos conducen a las patologías de los sentidos y nos empujan a una suerte de astenia. Pasaremos revista, a continuación, aunque sea brevemente, a cuatro experiencias de ese tipo: el sufrimiento humano, el luto, la reclusión de la vida por la rutina o los efectos de la actual exposición a un exceso de comunicación.

## *Desde el sufrimiento*

Vivimos en una sociedad cada vez más dominada por el mito del control. Su postulado dogmático es este: la receta para una vida plena es la capacidad de controlarla por completo. No nos damos cuenta de hasta qué punto una mentalidad así representa la negación del principio de realidad. Esto para decir la poca ayuda con que contamos a fin de gestionar la irrupción de lo inesperado que representa hoy el sufrimiento. Sentimos el dolor como una tempestad extraña que se abate sobre nosotros, tiránica e inexplicable. Cuando llega, no podemos dejar de sentirnos atrapados por ella, y nuestros sentimientos se convierten en persianas que bajamos, aunque sea inconscientemente. La luz ya no nos es tan grata, los colores dejan de arrastrarnos en su liviandad, los olores nos atormentan, ignoramos el placer, evitamos la melodía de las cosas. Nos sentimos ausentes en esa combustión silenciosa y cerrada donde parece que el interés sensorial por la vida arde. «El dolor es tan grande, el dolor sofoca, no le queda aire. El dolor necesita espacio», escribe Marguerite Duras en las páginas autobiográficas del volumen que tituló *El dolor*. Nos damos cuenta de que estamos más solos de lo que pensábamos en medio de ese incendio íntimo que crece sin cesar. En las etapas de sufrimiento, la impotencia parece aprisionar enigmáticamente todas nuestras posibilidades. Y dudamos de que este cuerpo limitado que somos sea el lugar donde vivir toda nuestra aventura o una parte significativa de ella. Necesitaríamos más recursos que nos capacitaran para experimentar la incapacidad, provocada por el dolor, con un espíritu y una mirada diferentes.

## *Desde el luto*

El luto es un manto de tristeza que oculta dos cuerpos: el cuerpo amado que parte y nuestro propio cuerpo que, aunque permanece, no deja de sentir una necesidad absoluta de acompañarlo, no solo en el plano afectivo y simbólico, sino también por el debilitamiento de nuestros indicadores vitales. Recuerdo la descripción que abre la novela *Las olas*, de Virginia Wolf, donde hay una frase que, a mi entender, describe el luto de manera exacta: la separación entre el cielo y el mar.

> Poco a poco, a medida que el cielo clareaba, se iba formando una raya oscura en el horizonte que dividía el cielo del mar, y en el paño gris aparecieron gruesas líneas que lo rayaban, avanzando una tras otra, bajo la superficie, cada cual siguiendo a la anterior, persiguiéndose una a otra perpetuamente.

La experiencia de la pérdida es también uno de los secretos del cuerpo, de sí y para sí, que cada vez nos es más difícil sobrellevar. Por un lado, la muerte se ha convertido en un tabú. Es más desagradable narrarla que soltar una obscenidad. La ocultamos por todos los medios. Por otro, cuando llega el momento en el que parten los que amamos, nos abismamos en un dolor y una soledad extremos. Entramos, entonces, en una suerte de suspensión, de retroceso ante la vida, de eclipse en nuestra relación no solo con el exterior, sino con el cuerpo que somos. Nos faltan maestros que nos ayuden a aproximarnos a la muerte y a lo que representa para nuestra humanidad. Tendríamos que llorar primero nuestra imposibilidad de consuelo (extraordinaria frase del Antiguo Testamento que san Mateo recupera para su evangelio, en la escena de la muerte de los inocentes: «En Ramá ha sonado un clamor | de muchos llantos y lamentos. | Es Raquel, que llora por sus hijos | y no quiere que la consuelen, | porque están muertos», Mt 2,18). Después necesitaríamos llorar y que nos consolaran, poco a poco. E integrar progresivamente la ausencia en una nueva comprensión del misterio que representa la presencia de los otros en nuestra vida.

## *Desde la reclusión de la vida por la rutina*

La rutina comienza siendo un esfuerzo de regularidad en los diversos planos de la existencia, esfuerzo que, hay que decirlo, en sí es positivo. La vida sería imposible si lo elimináramos del todo. Las rutinas son beneficiosas: concebir la cotidianidad como una sucesión de situaciones probables nos permite habitar el tiempo confiados. Pero lo que es bueno al principio también esconde un peligro. La rutina, de manera inesperada, sustituye a la propia vida. Cuando todo se torna obvio y reglado, no hay lugar para la sorpresa. Cada día es idéntico al anterior. Nuestro viaje está en manos de un piloto automático que se limita a aplicar, de manera maquinal, unas reglas previamente establecidas. Los sentidos se adormecen. Por muy nuevos que sean los días cada mañana o aunque un instante se abra como un umbral desconocido, no lo experimentamos de ese modo. Nuestros ojos soñolientos solo ven repetición. Y, sin percatarnos, nos sucede lo que el salmo bíblico describe a propósito de los ídolos:

> Tienen boca y no hablan,
> ojos pero no ven,
> oídos pero no oyen,
> nariz y no pueden oler,
> tienen manos y no palpan.
> Sal 115,5-7

Equivocadamente pensamos que podemos vivir así. Pero llega el tiempo, como recuerda el Eclesiastés, en que

> ni los ojos se sacian de ver,
> ni el oído se harta de oír.
> Ecl 1,8

Al corazón del hombre no le basta la rutina. El gran desafío es, en el día a día, volver a mirarlo todo por primera vez, dejarse deslumbrar por la sorpresa de cada día. Reconocer que este instante que pasa es la puerta por la que entra la alegría. Para eso hemos de recuperar la sensibilidad ante la vida, ante su desconcertante simplicidad, ante su lado frágil, ante sus travesías. La vida que nos habíamos acostumbrado a consumir en el relámpago que dura una cerilla, sin escucharla de verdad, sin conspirar para su plenitud. Para responder a la pregunta sobre el sentido que en cierto momento nos asalta («¿Qué sentido tiene la vida que llevo?») es indispensable una pedagogía de revivificación de los sentidos.

## *Desde el exceso de comunicación*

No somos solo nuestro cuerpo, estamos integrados también en un corpus social, que solicita, amplía y reprime nuestra sensibilidad. Basta escuchar al que ha sido el mayor teórico de la comunicación del siglo xx, Marshall McLuhan, para comprender hasta qué punto eso lo aprovecha la sociedad de comunicación global, para la que el individuo pasa a ser una presa. Lo que dice McLuhan, por ejemplo, sobre la televisión, es extraordinariamente clarificador:

> Uno de los efectos de la comunicación es eliminar la identidad personal. Solo por el hecho de ver la televisión las personas se convierten en un colectivo de iguales. Pierden el interés por la singularidad personal.

Si reparamos en ello, los medios que lideran la comunicación humana contemporánea (de la televisión al teléfono, del correo electrónico a las redes sociales) interactúan solo con los sentidos que captan los signos a distancia: la vista y el oído. De esta manera se origina una hipertrofia descontrolada de la vista y el oído, sobre los que recae toda la responsabilidad en la participación de lo real: «¿Has visto eso?», «¿Has oído lo último de…?»: nuestra vida diaria está continuamente bombardeada por el apremio de ver y oír. Lo mismo sucede con el movimiento: ya se trate de pilotar un avión o conducir un automóvil, o bien del peatón que se desplaza por las arterias de las ciudades modernas, lo fundamental son los sentidos que captan información visual y sonora. No es necesario recordar que no sucede lo mismo en todas las culturas. Esta sobrecarga sobre los sentidos que captan lo que está más alejado de nosotros esconde el subdesarrollo y la pobreza en que están abandonados los otros. Al mismo tiempo que florece la industria del perfume, nos hemos olvidado de distinguir el aroma de las flores. Por mucho que sea mil veces más práctico pasar por la frutería y por el insípido supermercado, no es lo mismo que cruzar la catedral de aromas de un vergel. Lo mismo sucede con los otros sentidos que implican proximidad: el tacto y el gusto. Hoy, solo los profesionales se arriesgan a una prueba a ciegas de comida o bebida. Incluso así, son cada vez más los que comen con los ojos, por la inversión en el impacto decorativo de los platos, por la sofisticación del diseño o por la manipulación del sabor. Por no hablar del tacto. Estamos tan alejados de la naturaleza que hemos olvidado cosas tan elementales como caminar descalzos, inclinarse en un claro y apartar con suavidad las hojas de la fuente para beber poco a poco, o acariciar la vida, acariciar la vida indefensa que se acerca a nosotros. De este modo nos hemos convertido en «analfabetos emocionales», como resumía Ingmar Bergman. ¿No habrá llegado el momento de cuidar nuestros sentidos? ¿No será este el momento propicio para revitalizarlos? ¿No ha llegado el momento de comprender mejor lo que une sentidos y sentido?

## *Redescubrir el tacto*

Siempre, desde la Antigüedad clásica, el tacto se ha considerado el primero de los sentidos, aunque aparezca en tercer lugar en la escala que presentó Aristóteles. En el orden de la creación tiene prioridad. El desarrollo de los sentidos en el feto comienza probablemente con el tacto. Después, con el nacimiento, experimentamos la realidad mediante el contacto físico; el frío y el calor, lo familiar y lo extraño, el desaliento y el consuelo. El recién nacido comprende los objetos mediante el tacto; por eso se lo lleva todo a la boca y a las manos. Muy oportunamente, se ha descrito el tacto como nuestro «primer gran ojo».

La piel cubre nuestro cuerpo, de la cabeza a los pies. Separa y une al mismo tiempo el mundo exterior y el interno. La piel lee la textura, la densidad, el peso y la temperatura de la materia. El sentido del tacto nos conecta con el tiempo y con la memoria: a través de las impresiones del tacto hacemos interminables viajes sin los cuales no seríamos quienes somos. El tacto permite que no nos limitemos a topar los unos con los otros, sino que nos encontremos. Por eso, la pregunta que hizo Jesús un día en medio de una densa multitud sigue teniendo sentido: «¿Quién ha tocado mi manto?» (Mc 5,31). Los discípulos le recordaron, en vano, que una muchedumbre lo rodeaba y lo tocaba por todas partes. Pero Jesús quiere decir que hay maneras y maneras de tocar.

> Las manos son un organismo complejo, un delta donde confluye una cantidad de vida venida de lejos para desembocar en la corriente poderosa de la acción. Las manos tienen una historia propia, una civilización propia, una belleza especial; les concedemos el derecho de tener su propio desarrollo, sus propios deseos, sentimientos.

escribió Rainer Maria Rilke. Lo que decimos de las manos también lo podemos decir de la piel. Nuestra biografía es también una historia de la piel y del tacto, de la manera en que tocamos o no, de la manera como nos han o no nos han tocado, aunque siga siendo, en gran parte, un relato sumergido, en el que no pensamos. Y, sin embargo, tiene mucho que enseñarnos. Cierto tipo de conocimiento, no solo en la infancia, sino en nuestra vida de adultos, nos llega a través del tacto.

Miró hablaba siempre del origen táctil de su pintura. En su juventud, en Barcelona, tuvo como maestro a Francesc Galí, que, aun siendo un académico convencional, se arriesgaba por caminos imprevistos al iniciar a sus estudiantes. Miró confiesa que no era precisamente un virtuoso en el dibujo y que su maestro lo ayudó de esta manera: le ponía una venda en los ojos para que tocara los objetos con los dedos y no solo con la mirada. Miró cerraba los ojos, cogía una pequeña piedra, la tanteaba, la palpaba, la removía varias veces en sus manos. Y la dibujaba. El pintor catalán se sentía incapaz de llegar de otra manera a la representación del mundo.

## *Retornar al gusto*

Lo queramos o no, heredamos teorías que introducen una jerarquía de dignidad en los sentidos.

Para santo Tomás de Aquino, por ejemplo, la vista era el más espiritual y perfecto de los sentidos. Según él, es preciso distinguir entre sentidos superiores e inferiores. Los inferiores serían el tacto, el olfato y el gusto, por estar vinculados a los afectos. Entre ellos, el gusto parece ser el más limitado, ya que restringe su actividad a la cavidad bucal. Dispone solamente de cinco categorías elementales: lo amargo y lo dulce, lo salado y lo ácido, y lo *umami*, la categoría más reciente (del año 1985), que muchos seguramente desconocen todavía. *Umami* (se escribe así, sin traducir) significa, en japonés, 'sabroso'. Lo *umami* deja un gusto suave pero persistente, difícil de describir pero perfectamente identificable. Según algunos realza el sabor. La próxima vez que vayan a un restaurante japonés, pregunten.

Jean-Jacques Rousseau nos recuerda una gran verdad: hay miles de cosas indiferentes al tacto, al oído o a la vista, pero no existe casi nada que sea indiferente al paladar. En la selva inextricable del pensamiento de Feuerbach, encontramos una expresión de inusitada transparencia, la que habla del «evangelio de los sentidos». Al cuestionar la división tradicional entre sentidos superiores e inferiores, en lo que respecta a sus cualidades cognitivas, Feuerbach defendía que también el paladar se eleva en el hombre a la dignidad de acto científico y espiritual.

Por mucho que se haya ignorado el gusto en el *ranking* de los sentidos, hoy se cree que ha desempeñado un papel esencial en el desarrollo de la especie humana. Según Richard Wrangham, primatólogo de la Universidad de Harvard, la aparición de la cocina permitió a nuestros antepasados triplicar las dimensiones del cerebro. No duda en decir que «abriendo el camino a la expansión del cerebro humano, la cocina [y, por esa vía, el gusto] hizo posibles resultados cerebrales como la pintura de las cavernas, la composición de las grandes sinfonías o la invención de internet».

La revalorización del gusto a la que asistimos indica también un cambio de época. Necesitamos una sabiduría más integral, que aprecie no solo la mente, sino la realidad total del cuerpo y del mundo que somos. Que no entienda como una deriva la reflexión sobre las costumbres cotidianas o sobre un sentido como el gusto, ya que nos pueden proporcionar una mayor conciencia de nosotros mismos. La capacidad gustativa representa una de las fuerzas más elementales de la vida. No hay que extrañarse del vínculo especial que une saber y sabor, como confirma la propia etimología latina (*sapere, sapore*). El excelente pedagogo Rubem Alves solía decir que «para poder ingresar en una escuela, alumnos y profesores deberían pasar antes por una cocina» y aprender que la sabiduría, como el gusto, es el arte del deseo.

## *Revisitar el olfato*

El olfato es una vía inmensa de conocimiento, ¡y de qué forma tan sutil! Nos despierta para un contacto *fusional* con el mundo, un contacto inmediato, flagrante e íntimo. De las cosas, de los seres y de los ambientes se desprende una cantidad extraordinaria de información que se capta únicamente mediante el olor, que es muy diferente a una imagen. La relación entre sujeto y objeto en la imagen es del orden de la representación, mientras que la percepción olfativa se adhiere a nosotros, es pura impregnación. La imagen habla de un objeto que está fuera de nosotros. Cuando el olfato localiza un perfume es porque ya nos ha caído encima.

Al acabar la primera semana de vida, el bebé reconoce a la madre por el olor. También sucede que, muchos años después, las madres añoran aún el olor único de su bebé. Una de las frases más emblemáticas de la primera exhortación apostólica del papa Francisco fue recomendar a los pastores que viviesen impregnados del «olor del rebaño», y todos entendimos lo que quiso decir.

Algunos arquitectos opinan que se subestima el impacto de los olores en nuestra percepción del espacio. Los lugares tienen una personalidad olfativa que hay que cuidar, pues traduce la memoria y el afecto por nuestro hábitat original. Aunque etéreo, el olor no deja de representar un patrimonio. Cuántas veces, de manera inesperada, una información olfativa nos arranca un recuerdo del fondo más remoto de nuestro subconsciente: la casa de nuestra infancia, un armario antiguo, un juguete, una estación, una persona que hemos amado. Sobre este fenómeno, el filósofo Walter Benjamin escribió que del reconocimiento de un olor esperamos más que de cualquier otro recuerdo: esperamos nada menos que el privilegio del consuelo, ya que «un olor diluye años enteros en el olor que recuerda». Cuando se atrofia nuestra capacidad olfativa, declina también la diversidad de la cartografía de nuestras emociones. Nuestro cerebro es capaz de distinguir cerca de diez mil olores diferentes que se amplían al combinarse con aromas y perfumes, y cada uno de ellos despierta en nosotros sensaciones que el lenguaje no siempre es capaz de expresar. Eso convierte al olfato en un sentido decisivo, aunque todo lo relacionado con él suceda de una manera tan discreta.

El término alemán *suchen,* que significa 'buscar', procede del argot de los cazadores, y tendría la siguiente explicación: cada uno de nosotros busca un vestigio que primero ha sentido en la nariz. Así es como a través de matorrales, de accidentados paisajes de montaña, por pastos inesperados a lo largo de ruinas, el cazador y su perro persiguen, no sin un ligero temblor, la memoria de ese olor. ¿Es posible también que el olor de Dios nos lleve a Dios? En uno de sus tratados, san Buenaventura habla de los *vestigia odorifera* de Cristo. Y en un bello poema de Adília Lopes, titulado «El olor de Jesús», la poeta termina con estos versos:

> Sin un centavo
> (sin tejado)
> huele a Jesús.

## Volver a la audición

El mundo que nos rodea es absolutamente sonoro, pero de este vasto paisaje el oído humano capta solo una parte. Tomando como referencia la audición humana, llamamos infrasonidos a los sonidos de frecuencia inferior a 20 hercios (la frecuencia más grave que captamos). Aunque el hombre no pueda oírlos, un elefante los percibe fácilmente y sin necesidad de acercar la oreja al suelo, pues también sus patas captan las ondas sonoras. Asimismo, designamos como ultrasonidos los sonidos que son inaudibles para nosotros por tener una frecuencia superior a los 20 000 hercios (la frecuencia más aguda a la que podemos llegar). Un perro o un gato, en cambio, oyen el doble de ese límite. Si ya nos parece demasiado ruidosa una banda de *rock* de garaje, qué diríamos de una ballena azul, que emite señales sonoras que pueden percibirse a centenas de kilómetros. La diversidad sonora es, sin duda, un lugar misterioso.

Con nuestros oídos escuchamos los rumores del mundo exterior, ya sea el ruido, las voces o la música que nos consuela. No obstante, cuando hablamos de escucha desinteresada del otro, sentimos que existe un nivel de audición diferente que debemos aprender. No se trata solo de escuchar con los oídos, se trata de escuchar también con el corazón, que no es sino una escucha profunda, donde los sentidos nos son útiles. Julia Kristeva habla de un infralenguaje, porque está ligado al cuerpo, a la biología, a las pasiones; y de un ultralenguaje, que incluye la historia, las ideas presentes y el futuro: todo son desafíos para la escucha. El judaísmo y el cristianismo son religiones de la escucha: «Escucha, Israel…», así comienza la significativa oración del *Shemá Israel*; y «Quien tenga oídos, que oiga» es una sentencia del Nuevo Testamento que destaca el canon cristiano. ¿Qué se pide que sea escuchado en la escucha? Quizá solo lo que dejó escrito Clarice Lispector:

> Escúchame, escucha mi silencio. Lo que digo no es nunca lo que digo, sino otra cosa. Capta esa otra cosa de la que hablo en realidad, porque yo no puedo hacerlo.

## *Abrir la visión*

La luz viaja a la velocidad vertiginosa de 300 000 kilómetros por segundo. A esta viajera apresurada le debemos la activación del sofisticado mecanismo que nos permite pasar del ojo a la mirada. Hay quien recuerda que la visión no es solo un sentido, sino la síntesis de un conglomerado de sentidos: el sentido de la intensidad luminosa, de los colores, de la profundidad y la distancia... Es un debate infinito y fascinante. Recuerdo una confesión que el poeta italiano Tonino Guerra hizo un sinfín de veces. Decía que, igual que los creyentes, los agnósticos también dudan. Y que, en su caso, nada provocaba más la crisis de su agnosticismo que pensar en el milagro absoluto que es un ojo. Eso le dejaba desarmado a las puertas del misterio.

La vista convierte el mundo en una ventana, aunque comprendamos que existen otras dimensiones esenciales de la mirada. Para empezar, la dimensión de reflexividad: el cuerpo, que mira todas las cosas, puede mirarse a sí mismo también; es al mismo tiempo vidente y visible. Como escribe Merleau-Ponty,

> si nuestros ojos estuvieran hechos de tal manera que ninguna parte de nuestro cuerpo estuviera expuesta a nuestra mirada... O si, sencillamente, como les sucede a otros animales, nuestros ojos fueran laterales,

incapaces de abarcar todo el campo visual, ese cuerpo, que no se reflejaría, tampoco sería el cuerpo de un ser humano.

La mirada es fundamental para celebrar el encuentro con nosotros mismos y con los otros. Solo cuando nos miramos y nos dejamos impresionar por el otro que está ante nosotros, amamos a las personas por sí mismas. De la misma manera, la mirada es esencial para lanzarnos a la aventura de buscar el sentido de la vida. Uno de los tratados teológicos más importantes sobre la visión, *La visión de Dios* (*De visione Dei*), nace de la correspondencia entre su autor, Nicolás de Cusa, y los monjes de Tegernsee acerca de lo que significa el acto de ver; estaba destinada a iniciar a aquella comunidad benedictina en la visión inefable de Dios. Nicolás de Cusa explica así la mirada de Dios:

> El ángulo de tus ojos, Dios mío, no es cuantitativo, sino infinito. Por eso ve todo a su alrededor, simultáneamente arriba y abajo […]. Las criaturas existen por tu visión. Porque si no te vieran a ti, que eres el que ve, no recibirían de ti el ser. El ser de las criaturas es simultáneamente tu ver y el ser visto.

Percibimos también así la importancia de nuestra propia mirada, incluso si, como dice san Pablo, «ahora vemos confusamente, como por medio de un espejo» (1Cor 13,12).

## Un proyecto de espiritualidad

Hay un ensayo magnífico de Susan Sontag, titulado *La estética del silencio*, que empieza con una de esas frases inesperadas que nos obligan a detenernos. Dice: «Cada época debe reinventar para sí misma su proyecto de espiritualidad.» Seguramente este «reinventar para sí misma» no significa descubrir *ex nihilo*. Se trata más bien de releer, de encontrar una nueva hermenéutica, de arriesgar una nueva síntesis, de proponer, partiendo del acto de creer, pero también del acto de vivir, una nueva gramática sapiencial. El modelo ya lo tenemos, como podemos comprobar en la Carta a Tito, uno de los tesoros del canon cristiano (Tit 2,11-12). La mística del instante exige que nos tomemos (más) en serio nuestra humanidad como narrativa de Dios que «vive en este mundo».

Es necesario contemplar la espiritualidad como un arte más del ser. Observamos muchas veces en nosotros mismos un analfabetismo ante las expresiones fundamentales de la vida. Podemos tener certezas, podemos practicar, podemos saber, pero hay momentos en la vida en los que nos quedamos sin palabras, en los que nos sentimos sin apoyo: una enfermedad, un percance, una crisis, incluso una gran alegría, un encuentro importante... En determinados momentos nos encontramos en un camino que parece paralelo, porque la fe no es suficientemente hospitalaria para lo que somos o para en lo que nos hemos convertido. Un creyente con la densidad de Dietrich Bonhoeffer escribió:

> Ser cristiano no significa ser religioso de una manera determinada, convertirse en una determinada clase de persona por un método determinado (un pecador, un penitente, un santo), sino que significa ser persona; no un «tipo de persona», sino el ser humano que Cristo crea en nosotros.

Nos hacen falta maestros no solo de vida interior, sino sencillamente de vida, de una vida total, de una existencia digna de ser vivida. Nos hacen falta cartógrafos y testigos del corazón humano, de sus infinitos y arduos caminos, pero también de nuestra cotidianidad, donde todo es y no es extraordinariamente simple. Necesitamos una nueva gramática que concilie en lo concreto los términos que nuestra cultura concibe como irreconciliables: razón y sensibilidad, eficacia y afectos, individualidad y compromiso social, gestión y compasión, espiritualidad y sentidos, eternidad e instante. ¿Podemos hacer una mística del instante de los sentidos? Sin duda: lo que está dicho queda todavía por decir.

## *Encontrar una nueva relación con el tiempo*

Uno de los aspectos centrales de la mística del instante es cambiar nuestra relación con el tiempo. Nuestra mayor crueldad es el tiempo. Como un torpe fabricante de trampas que acaba siempre prisionero en los mecanismos que produce, también nosotros inventamos el tiempo y nunca lo tenemos. Nuestros relojes nunca duermen. ¿Cuántas veces el tiempo es nuestra disculpa para renunciar a la vida, para perpetuar el desencuentro que mantenemos con ella? Como no tenemos siglos por delante, renunciamos a la audacia de vivir con plenitud el breve instante. La imagen de Cronos devorando lo que engendra nos obsesiona. El tiempo nos consume sin orientarnos de verdad hacia la consumación de la promesa. En este sentido, el consumo desenfrenado no es más que una bolsa de compensaciones. Es obvio que las cosas que adquirimos son, en ese momento, más que cosas: son promesas que nos hacen señas, son protestas impotentes por una existencia insatisfactoria, son ficciones de nuestro teatro interior, son una carrera contra el tiempo.

En verdad necesitamos reconciliarnos con el tiempo. No nos sirve una concepción lineal del tiempo, ininterrumpido, mecánico, puramente histórico. El *continuum* homogéneo del tiempo que dibuja la teoría del progreso no conoce la ruptura por la novedad inesperada. La redención es esa novedad. Necesitamos reconocer un doble significado en el instante presente. El presente puede ser un pasaje horizontal, cuantitativo, con la esperanza de una realización entre este instante y el que lo sigue. Pero el presente tiene también un sentido vertical que revaloriza el tiempo y lo abre a la eternidad. Es el tiempo cualitativo, epifánico.

En la tradición bíblica aprendemos de Dios tanto la actividad creativa como el descanso creador. Ahora bien, una de las anomalías que más nos afecta es la incapacidad de comprender el significado de este descanso. Dios descansó el séptimo día y, así, dio por acabada la obra de la creación. Sin el descanso (el *sabbat*, como se dice en hebreo) la acción queda inconclusa, inacabada. Por eso Abraham Joshua Heschel dice, sobre el sábado, día de reposo semanal para los judíos:

> El sábado está hecho para celebrar el tiempo, no el espacio. Durante seis días a la semana vivimos bajo la tiranía de las cosas espaciales; el sábado sintoniza con la santidad en el tiempo: ese día estamos llamados a participar de lo que hay de eterno en el tiempo, a elevar los frutos de la creación al misterio de la creación; a pasar del mundo de la creación a la creación del mundo.

Necesitamos, en verdad, volver a aprender el significado del sábado o del domingo. El cuerpo debe encontrarse no solo en la actividad, sino también en el reposo, debe liberarse de la presión de lo inmediato, del peso de las obligaciones, abriéndose a ciertos instantes sin un porqué, como decía el místico que se abren las rosas. Encontraremos entonces, por fin, tiempo para contemplar, para deleitarnos con la audición y el sabor, para disfrutar el perfume de lo que pasa, para tocar, o casi tocar, lo que permanece.

## *Descubrirse amado*

Respirar, vivir, no es solo tomar y expulsar aire, mecánicamente: es existir con, es vivir en estado de amor. Y, de la misma manera, abrazar el misterio es entrar en lo singular, en lo afectivo. Dios es cómplice de la afectividad: omnipotente y frágil; pasible e impasible; trascendente y amoroso; sobrenatural y sensible. La más loca pretensión cristiana no se sitúa en la esfera de las afirmaciones metafísicas: es sencillamente la fe en la resurrección del cuerpo.

El amor es el verdadero despertador de los sentidos. Las diferentes patologías de los sentidos que hemos analizado anteriormente muestran que, cuando está ausente el amor, nuestra vitalidad hiberna. Una de las crisis más graves de nuestra época es la separación entre conocimiento y amor. La mística de los sentidos, en cambio, busca una ciencia que solo se alcanza amando. Amar significa abrirse, romper el círculo del aislamiento, habitar el milagro que es estar plenamente con nosotros y con el otro. El amor es el deshielo. Se construye como una forma de hospitalidad (el poeta brasileño Mário Quintana escribe que «amor es cuando dos personas viven cada una en la otra»), pero pide acercarse desarmado. Los que aman son, en cierto modo, más vulnerables. No saben disimular. Si les apetece cantar en la calle, cantan. Si les da por correr y reír bajo la lluvia, lo hacen. Si tuvieran que bailar de repente en plena calle, comenzarían a girar lentamente, sin vergüenza alguna, escuchando una música inaudible. El amor también se expone al sufrimiento con mayor intensidad. En la renovación del interés y de la entrega a la vida que el amor genera en nosotros, rozamos con mayor frecuencia su enigmática dialéctica: su fantástica vitalidad y su terrible letalidad. Pero, como decía el novelista António Lobo Antunes, «solo hay una manera de no sufrir: consiste en no amar». Aunque no es el sufrimiento inevitable lo que impide la vida. El obstáculo más bien es lo contrario: la apatía, el descuido, el egoísmo, el cinismo.

El amor es el camino que nos conduce a la esperanza. La esperanza no es una especie de consolación mientras esperamos días mejores. Tampoco es expectación ante lo que vendrá. Esperar no significa proyectarse en un futuro hipotético, sino saber captar lo invisible en lo visible, lo inaudible en lo audible, etc. Descubrir una dimensión diferente dentro y más allá de esta realidad concreta que nos ha sido dada como presente. Todos nuestros sentidos están implicados para acoger, con asombro y emoción, la promesa que llega, no solo en un tiempo futuro indefinido, sino hoy, en cada instante. La esperanza nos mantiene vivos. No nos permite vivir mortificados por el desánimo, ensimismados por la desilusión, vencidos por las fuerzas de la muerte. Comprender que la esperanza florece en el instante es experimentar el perfume de lo eterno.

## *Una mística con los ojos abiertos*

En el arte paleocristiano encontramos muy frecuentemente la representación de hombres y mujeres en oración. Y la forma en que aparecen nos hace pensar en la importancia de la poética del cuerpo para la acción de creer. Normalmente, esas figuras están de pie, con la cabeza proyectada hacia lo alto, los brazos extendidos y los ojos bien abiertos. Son nuestros cuerpos los que rezan, no solo los pensamientos. La oración ocupa cada uno de nuestros sentidos. Por ese motivo, los Padres del Desierto decían que abrir las manos, incluso antes de pronunciar palabra alguna, ya es rezar. Si la gestualidad es relación, por fuerza ha de ser así. Pero lo mismo sucede con los otros sentidos. Por eso, no debería sorprendernos la frase «abrir los ojos ya es rezar».

Cuando, en sus *Reglas morales*, san Basilio de Cesarea se pregunta qué es lo propio de un cristiano, el comienzo de su respuesta es el siguiente: «Vigilar cada día y cada hora.» La vigilancia es el cuidado necesario a la atención. No es solo un ejercicio: es una dinámica interacción del corazón y los sentidos. Es lo contrario de la distracción que debilita la vivacidad de la presencia en el instante mismo. Una mística con los ojos abiertos no se dirige a un Dios distante: vive en la conciencia de estar continuamente ante Él.

> ¿Adónde huiré lejos de tu presencia?
> ¿Adónde huiré lejos de tu espíritu?

se interroga el salmista (Sal 139,7). De hecho, si no lo vemos, no es porque esté muy lejos, sino porque está demasiado cerca. «Porque en él vivimos, nos movemos y existimos», recuerda el apóstol Pablo en el célebre discurso de Atenas (Hch 17,28).

Podemos también acentuar aquí la fuerza de las implicaciones éticas que conlleva un entendimiento de este tipo en relación con todas las criaturas que, a nuestro lado y con nosotros, están inmersas al mismo tiempo en la presencia de Dios, esperando. Si amamos a Dios, abrazamos el mundo en su totalidad. Amamos a Dios en las criaturas que son expresión de su amor. No se concibe una espiritualidad de ojos abiertos que no tenga, por ello, un sentido ecológico y cósmico, en la línea de referencia que aparece en la Carta a los Romanos:

> Pues sabemos que, hasta el día de hoy, toda la creación gime de angustia como si tuviera dolores de parto; y los creyentes también gemimos —aunque tenemos al Espíritu Santo en nosotros como una muestra anticipada de la gloria futura— porque anhelamos que nuestro cuerpo sea liberado del pecado y el sufrimiento.
>
> Rm 8,22-23

La mística del instante es una declaración de amor a la vida y un compromiso de construir un futuro común.

## *El significado de la mística*

El significado de las cosas no es solo el que tienen en sí, sino el que podemos descubrir que tienen para nosotros. La mayor parte de las aproximaciones que hoy se publican sobre la mística tienen, por desgracia, un carácter histórico, embalsaman el pasado, refuerzan nuestro sentimiento de distancia y de inactualidad respecto al objeto que abordan. O bien optan por una singularización tal de la mística que solo parece posible pensarla a través de casos individuales (la mística de Hadewijch, de Hildegarda de Bingen, de Teresa de Ávila, de Juan de la Cruz), y nunca desde una apropiación verdaderamente común. Por eso, si me concedieran un instante, solo un instante, para explicar el significado de la mística, la frase de Michel de Certeau sería perfecta: «Es místico aquel o aquella que no puede dejar de caminar.» Sé que, por su extrema simplicidad, puede parecer una frase extraña cuando queremos abordar la complejidad y el peso de historia que la categoría *mística* ha adquirido. Y no le hace justicia a Michel de Certeau, que, en su extensa y compleja obra, expuso claramente que la mística se desarrolla en un largo y pacientísimo coloquio. Pero los largos viajes comienzan con un paso corto, y de la misma manera humilde entendemos nuestra contribución. Ahora bien, en la frase: «Es místico aquel o aquella que no puede dejar de caminar», identifico, en primer lugar, una cualidad extraordinaria: no excluye a nadie, atestigua que la mística se refiere a todos, es universal. Esto supone una enorme ventaja, pues, de manera equivocada, la mística tiene una fama bien distinta. Se ha considerado una experiencia solo para ciertas personas, una vía marginal y elitista, desvinculada de las situaciones concretas en que viven la mayor parte de los seres humanos, impermeable a los problemas del presente. Los escritos de figuras como Merton, Certeau o Raimon Panikkar han contribuido a transformar nuestra mirada. Para este último, la mística es «la experiencia integral de la vida», y el místico es el que vive abierto a la amplia extensión de la realidad, atento y comprometido con el dolor del mundo. El hambre y la sed de justicia no pueden dejar de encontrar un sitio en nuestro corazón. Pero el místico no se deja vencer por ninguna etapa o representación. Su espiritualidad se desarrolla en una actitud ambivalente: encarnada y comprometida al mismo tiempo, pero genuinamente desprendida y libre. Mística ha de ser siempre sinónimo de libertad. Esta libertad inmensa, de todo, de todos y de cada uno, requiere la comprensión de la interdependencia que tanto nos cuesta ver: entre micro y macro, próximo y distante, dentro y fuera, nuestro y de los otros, actividad y reposo, silencio y palabra, quietud y gesto, inmovilidad y viaje, primavera e invierno, hambre y pan, ahora y después.

El místico es aquel que descubre que no puede dejar de caminar. Seguro de lo que le falta, entiende que cada lugar por donde pasa es transitorio y que la búsqueda continúa. No puede ser solo esto. Y esa especie de exceso que es su deseo, lo impulsa a ir más allá, a transitar y dejar atrás los lugares. Como recuerda Michel de Certeau, el místico «no habita en parte alguna, es habitado». El místico se amarra, como Ulises, al mástil de una esperanza que no pertenece al futuro, sino a lo invisible. Es decir: a lo todavía no (visible).

## ¿*Solo un o... o...?*

Un curioso intercambio de correspondencia entre amigos, el escritor Romain Rolland y Sigmund Freud, acerca de la mística, pone de manifiesto muchos de los condicionamientos y malentendidos que todavía están en vigor. Rolland reacciona a lo que el fundador del psicoanálisis escribió en *El porvenir de una ilusión* (1927). Según Freud, sería una ilusión imaginar que aquello que las respuestas de la ciencia no nos pueden dar, lo podemos encontrar en otro lugar (y por «otro lugar» piensa sobre todo en la religión). Las representaciones religiosas son meras ficciones que encarnan la necesidad infantil de protección de la todopoderosa figura del padre. A esa radical reducción psicológica, Rolland contrapone «el hecho simple y directo» que prueba que la religión es una experiencia viva e inalienable: la «sensación de eternidad» que nada anula; la «relación» y el «acontecimiento» vividos: el «sentimiento oceánico», desbordante y vital, expresión misma de la vida, o, mejor dicho, su misma esencia. A lo que Freud responde: «Qué ajenos me resultan los mundos en los que usted se mueve. La mística para mí es tan impenetrable como la música» (carta del 20 de julio de 1929). Se trata, de hecho, de dos perspectivas aparentemente irreconciliables: para Romain Rolland, la clave de la construcción personal es el descubrimiento de la *unidad* que «aflora» en el interior de nuestra conciencia, mientras que Freud identifica esta clave en el reconocimiento e integración de la *división* instauradora del yo. Pero la pregunta clave es: ¿durante cuánto tiempo vamos a dejar la «unidad» y «la división» como un «o... o...» irresoluble? Claro que esta cartografía analítica de lo humano que Freud y las ciencias humanas y sociales han hecho posible no se puede descartar en nombre, simplemente, de una unidad *fusional* e idealizada, donde nos diluimos cómodamente como gotas en el océano de Dios. Sería crear una burbuja de ilusión. Pero no deja de ser un aislamiento reductor la pretensión positivista de que la complejidad de lo real (del mundo y de nosotros) tiene como único descodificador la razón. Basta abrir los ojos a la sabiduría que el instante nos ofrece. Este instante de ahora es nuestro presente. El próximo instante lo desconocemos. ¿O la única alternativa que queda es el discurso de Shakespeare, en *Macbeth*: la vida no es sino «un cuento contado por un idiota, lleno de ruido y de furia, que no tiene ningún sentido»?

La mística, entendida como experiencia integral de la vida, nos desafía a una nueva composición donde los opuestos (materia y espíritu, cuerpo y alma, razón y sentimiento, *logos* y mito, prosa y poesía) se reconocen y se mantienen unidos, en armonía. No se trata de negarlos ni de reconducirlos a una unidad amalgamada.

## *Creo en la desnudez de mi vida*

Me gusta mucho la definición que leí en Georges Bataille, y que sirve tanto para lo que él llamaba su «mística atea» como para describir ampliamente una mística cristiana. La mística, dice, es «una experiencia desnuda». En primer lugar, la definición es justa porque ancla la mística en el dominio de la experiencia. El problema de tantas resistencias en relación con la mística reside precisamente en la evidencia de que, en su nombre, se han promovido todo tipo de evanescencias y escapismos. Lo contrario de lo dicho en la Carta a los Hebreos: «No has querido ofrendas ni sacrificios, sino que me has dotado de una cuerpo» (Heb 10,5). La mística tiene peso. Es cuerpo, experiencia, letra, lugar, tesitura de lo vivido. La mayoría de las veces, lo que le falta al itinerario del creyente no son ideas, sino corporeidad, resonancia, espesor. Para explicarlo no bastan los conceptos ni las estructuras. La precariedad y la fragilidad del cuerpo; el grito, universal y concreto, que de él emana; su común y cotidiana respiración, nos acercan más a Dios que cualquier elaboración conceptual. Pero no debemos olvidar que la experiencia mística es «experiencia desnuda». La experiencia creyente supone una confianza, no una garantía. La fe no posee el objeto que la funda, porque ese objeto es *alter*, es siempre otro. Como escribe Michel de Certeau:

> Al acercarse a aquel que aman, los creyentes experimentan siempre, de una u otra manera, un sentimiento de vacío: abrazan una sombra. Creen que lo encontrarán si salen a su encuentro, pero Él no está allí. Buscan por todas partes, escudriñan cada detalle donde podría estar Él. Pero Él no está en ninguna parte.

Los místicos saben que Dios se da ausentándose. Entre Dios y nosotros hay un espacio vacío.

Nosotros nos movemos en ese espacio. Lo esencial está más allá. Solo en la pobreza de nuestra carne y nuestro tiempo, que son también la carne y el tiempo de Dios, podemos vislumbrarlo. Verlo, vislumbrarlo y experimentarlo en la transparencia del instante. No huyendo a lo banal y ordinario, pues habita toda la longitud deliciosa y ardua de nuestro camino. Podemos, por eso, entender como una oración el verso de Sophia de Mello Breyner Andersen que comienza así: «Creo en la desnudez de mi vida.» Por difícil y convulsa que se pueda revelar, no existe una vía de mayor lucidez y transparencia para empezar el viaje espiritual.

## *El sacramento del instante*

> *Benditos sean los instantes, y los milímetros,*
> *y las sombras de las cosas pequeñas.*
> FERNANDO PESSOA, *Libro del desasosiego*

En una especie de testamento espiritual, el teólogo Karl Rahner firmó la famosa exclamación: «¡El cristiano del futuro será místico o no será!» En su opinión, en el perfil del creyente contemporáneo destacan dos rasgos: por un lado, su espiritualidad necesita ser vivida constantemente en primera persona, lo que reclama un inexcusable despertar de la conciencia; por otro, está llamado al coraje de una decisión de fe en el Espíritu, que tome la fuerza de sí misma y demuestre efectivamente una experiencia personal de Dios y de su Espíritu.

Ahora bien, el punto místico de intersección de la historia divina con la historia humana es el instante. No un instante idealizado o abstracto, sino este instante concreto. Este minuto preciso en el que estamos, esta hora concreta de nuestras vidas, estos días que nuestro corazón enfrenta con mayor o menor esperanza. Pero que, al mismo tiempo, es capaz de informarnos de lo inminente, de lo que se avecina en lo previsible y lo imprevisible, de lo que, de forma declarada o discretísima, viene. Ese es, por otro lado, el sentido del término *instante*: como sustantivo, significa 'un momento', una 'porción brevísima de tiempo', una 'duración'; por otro lado, si lo emparentamos con el participio del verbo latino *instare*, significa 'lo inminente', 'lo que está por llegar', 'lo apremiante'.

El dominico padre Perrin, que fue confidente de Simone Weil, decía que nada de lo que conocemos se parece tanto a la eternidad como el instante, y que deberíamos pensar simbólicamente en él como un sacramento, el octavo. Nosotros, que entramos y salimos de los templos, ¡cuánto necesitamos venerar la asombrosa santidad del momento presente!

> El que no sabe sentarse
> en el umbral del instante
> [...] nunca conocerá la paz
> serena e iluminada
> de estar-con.

Si nos fijamos bien, continuamente somos desposeídos del pasado y, por mucho que hagamos, no podemos anticipar ni un fragmento del futuro, por ínfimo que sea. Solo nos queda el instante; solo el instante nos pertenece. El único contacto entre las infinitas posibilidades del amor divino y la experiencia mudable y progresiva de lo humano en nosotros, es el instante. El instante es el barro donde se moldea y descubre la vida. Es el frágil puente de cuerda que une el tiempo a la promesa. Lo podemos confirmar en el maravilloso y exigente poema de Teresa de Lisieux:

> Mi vida es un instante, una efímera hora,
> mi vida es solo un día volandero y fugaz.
> ¡Tú lo sabes, Dios mío! ¡Para amarte en la tierra
> no tengo más que hoy!

La mística del instante nos reenvía, así, al interior de una existencia auténtica, nos enseña a hacernos realmente presentes: a ver en cada fragmento el infinito, a oír el oleaje de la eternidad en cada sonido, a tocar lo impalpable con los gestos más simples, a saborear el espléndido banquete de lo frugal y escaso, a embriagarnos con el perfume de la flor siempre nueva del instante.

## BIBLIOGRAFÍA

Agustín de Hipona, *Confesiones*, Alianza, Madrid, 2011.

Bataille, Georges, *La experiencia interior*, Taurus, Barcelona, 1989.

Breton, David le, *El sabor del mundo*, Nueva Visión, Madrid 2011.

Certeau, Michel de, «Mystique», *Encyclopædia Universalis* [en línia] <http://www.universalis.fr/encyclopedie/mystique/> [última consulta: 25-8-2025].

—, *La debilidad de creer*, Katz, Madrid, 2006.

—, *L'étranger ou l'union dans la différence*, Seuil, París, 2005.

—, *La fábula mística (siglos XVI-XVII)*, Siruela, Madrid, 2006.

Cusa, Nicolás de, *La visión de Dios*, EUNSA, Pamplona, 1994.

Focillon, Henri, *La vida de las formas y elogios de la mano*, Xarait, Madrid, 1983.

Han, Byung-Chul, *La sociedad del cansancio*, Herder, Barcelona, 2012.

Hillesum, Etty, *Diario 1941-1943*, Anthropos, Barcelona, 2007.

Ignacio de Loyola, *Ejercicios espirituales*, Mensajero, Bizkaia, 2010.

Kundera, Milan, *La lentitud*, Tusquets, Barcelona, 2011.

Manicardi, Luciano, *Raccontami una storia. Narrazione come luogo educativo*, Messagero, Pádua, 2012.

Merleau-Ponty, Maurice, *El ojo y el espíritu*, Trotta, Madrid, 2013.

—, *Fenomenología de la percepción*, Edicions 62, Barcelona, 1980.

—, *Lo visible y lo invisible*, Seix Barral, Barcelona, 1970.

Merton, Thomas, *La montaña de los siete círculos*, Hispano Americana, Barcelona, 1981.

—, *Nuevas semillas de contemplación*, Sal Terrae, Maliaño, 1993.

Montaigne, Michel de, *Los ensayos*, Acantilado, Barcelona, 2007.

Pallasmaa, Juhani, *Los ojos de la piel. La arquitectura y los sentidos*, Gustavo Gili, Barcelona, 2014.

Panikkar, Raimon, *De la mística. Experiencia plena de la Vida*, Herder, Barcelona, 2008.

Pessoa, Fernando, *Libro del desasosiego*, Seix Barral, Barcelona, 1992.

Rahner, Karl, *O cristão do futuro*, São Paulo, Fonte, 2004.

Rilke, Rainer Maria, *Auguste Rodin*, Nortesur, Barcelona, 2009.

Saint-Exupéry, Antoine, *El Principito*, Salamandra, Barcelona, 2000.

Salmann, Elmar, *Passi e passaggi nel cristianesimo. Piccola mistagogia verso il mondo della fede*, Cittadella, Asís, 2009.

Weil, Simone, *A la espera de Dios*, Trotta, Madrid, 1996.

## JOSÉ TOLENTINO MENDONÇA
### *Pequeña teología de la lentitud*

Traducción de Teresa Matarranz

FRAGMENTOS, 42
Primera edición: mayo del 2017
Quinta edición: agosto del 2025
80 p. | 11,50 € | 978-84-15518-72-3

Pasamos por las cosas sin habitarlas, hablamos con los demás sin escucharlos, acumulamos información en la que no llegaremos a profundizar. Todo transcurre a un galope ruidoso, vehemente y efímero. La velocidad a la que vivimos nos impide vivir. Precisamos de una lentitud que nos proteja de las precipitaciones mecánicas, de los gestos ciegamente compulsivos, de las palabras repetidas y banales. Necesitamos reaprender el aquí y ahora de la presencia, necesitamos reaprender lo entero, lo intacto, lo concentrado, lo atento y lo uno.

José Tolentino nos invita a explorar la lentitud, el agradecimiento, el perdón, la espera, el arte de cuidar y habitar, la perseverancia, la compasión, la alegría, el deseo y el arte de no saber. El autor expresa su anhelo con respecto al futuro de la humanidad: que habitemos, contemplemos y nos asombremos de cada uno de nuestros actos.

JOSÉ TOLENTINO MENDONÇA
*El pequeño camino de las grandes preguntas*

Traducción de Teresa Matarranz

FRAGMENTOS, 69
Primera edición: octubre del 2020
176 p. | 17 € | 978-84-17796-39-6

Hay un momento en el que comprendemos que las preguntas nos acercan más al sentido, a la apertura del sentido, que las respuestas. Las respuestas son útiles, sí, las necesitamos para seguir viviendo, pero la vida transforma esas respuestas en preguntas. Y no preguntamos necesariamente por habernos equivocado o por considerar insuficiente nuestra experiencia. La pregunta es la grafía de la exuberancia con la que se manifiesta la vida.

José Tolentino Mendonça, uno de los principales ensayistas del Portugal contemporáneo, nos propone un itinerario por algunas de las grandes preguntas de la existencia con el equipaje de una sólida frecuentación de los clásicos: la literatura, la filosofía, los textos sagrados, el cine, las artes plásticas y la danza son algunos de los referentes con los que el autor dialoga para ofrecer su propuesta sapiencial.